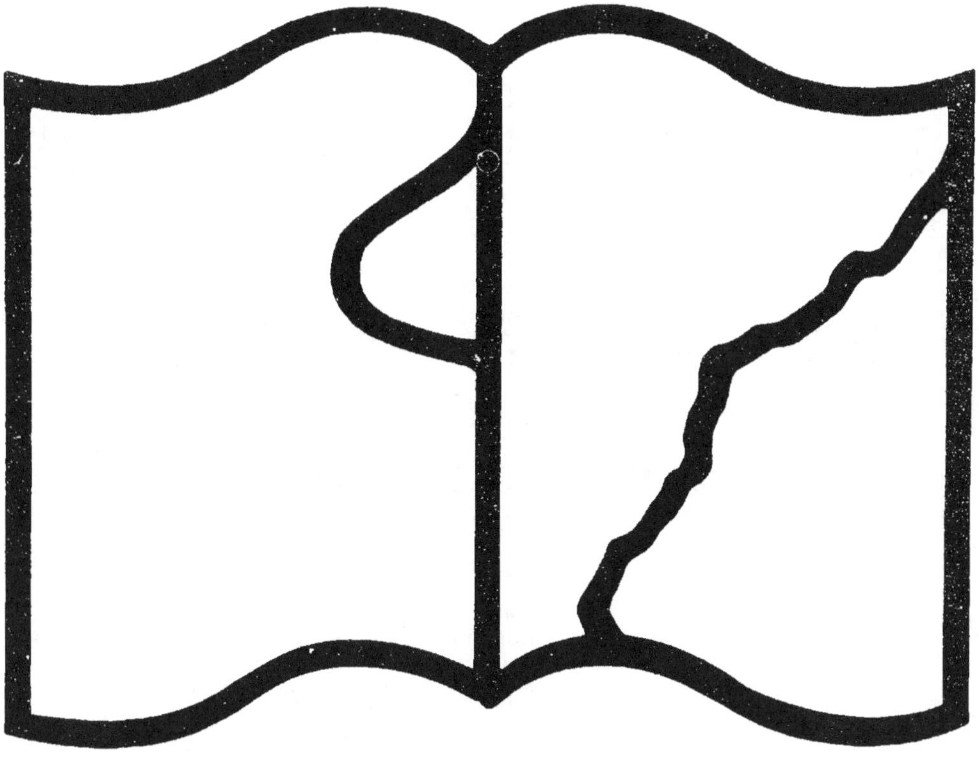

Texte détérioré — reliure défectueuse

NF Z 43-120-11

LOUIS GUÉTANT

MARCHAND-FASHODA

La *Mission* Congo-Nil. — Sa préparation.
Ses pratiques.
Son but. — Ses résultats.

> « Nous devrons mettre la morale dans la
> politique, et ce sera la plus décisive révolu-
> tion qui se puisse accomplir ; car aussi long-
> temps que des pratiques de brigandage sub-
> sisteront entre les peuples, aucune réforme
> intérieure de justice, aucun droit, aucune
> liberté ne reposeront sur des bases solides. »

PARIS

Bureaux des « TEMPS NOUVEAUX »
140, RUE MOUFFETARD, 140

—

1899

EN VENTE AUX TEMPS NOUVEAUX

Bibliographie anarchiste, *par Nettlau.* 5

Volumes de chez Stock :

La Conquête du pain, *par Kropotkine* 2
L'Anarchie, son idéal, *par Kropotkine.* . . . . »
Œuvres *de Bakounine.* 2 7
La Société future, *par J. Grave.* 2 7
La Grande Famille, roman militaire, *par J. Grave* 2 7
L'Individu et la Société, *par J. Grave.* 2 7
Biribi, *de Darien* 2 7
Bas les cœurs ! *de Darien* 2 2
Sous-offs, *de Descaves* 2 7
Psychologie de l'anarchiste socialiste, *par A. Hamon.* . . . 2 7
L'Amour libre, *par Ch. Albert.* 2 7
L'Inquisition en Espagne, *par Tarrida del Marmol* 2 7
Le Socialisme en danger, *par Domela Nieuwenhuis* . . . 2 7
Evolution et Révolution, *par Elisée Reclus.* 2 7
Fabrique de pions, *par Zéphyrin Raganasse* 2 7
La Commune, *par L. Michel.* 2 7
L'Instituteur, roman, *par Th. Chèze* 2 7
Sous la Casaque, *par Dubois-Desaulle.* 2 7

De chez Flammarion :

Le 51ᵐᵉ Chasseurs, *par Courteline* 2 7
Les Paroles d'un révolté, *par Kropotkine.* 1 2
Les Croix et les Glaives, *par Th. Jean.* 2 7
Lidoire, *par Courteline.* 1

De chez Douin :

Le Transformisme, *par J.-G. Lanessan.* 7

De chez Pedone :

L'Histoire sociale au Palais de Justice, *par Saint-Auban* . 2 7

De chez Schleicher :

Histoire de la création des êtres organisés, *par Hœckel* . . 12 5

De la Revue blanche :

Sous le Sabre, *par Ajalbert* 2 75
L'Armée contre la Nation, *par U. Gohier* 2 75
La Débandade, *par M. Lami* 2 75

De chez Dentu :

Le Primitif de l'Australie, *par E. Reclus.* 2 75

De la Société libre d'édition des Gens de lettres :

Escarmouches, *par Rainaldy* 2 75
Delcros — 2 7
L'enfer, *par J. Coute* 2 7

De chez Fasquelle :

Sébastien Roch, *par Mirbeau.* 3
Les Mauvais Bergers, *par Mirbeau.* 2
Au Port d'armes, *par Henry Fèvre* 3

MARCHAND-FASHODA

DU MÊME AUTEUR

L'Italie devant l'Europe.

Une Histoire de Brigands.

Orient et Madagascar.

Dites-nous vos raisons?

LOUIS GUÉTANT

MARCHAND-FASHODA

La *Mission* Congo-Nil. — Sa préparation.
Ses pratiques.
Son but. — Ses résultats.

> « Nous devons mettre la morale dans la politique, et ce sera la plus décisive évolution qui se puisse accomplir ; car aussi longtemps que des pratiques de brigandage subsisteront entre les peuples, aucune réforme intérieure de justice, aucun droit, aucune liberté ne reposeront sur des bases solides. »

PARIS

Aux Bureaux des « TEMPS NOUVEAUX »
140, RUE MOUFFETARD, 140

1899

A MONSIEUR FRANCIS DE PRESSENSÉ

Parlant de Marchand, vous avez écrit, dans l'*Aurore* du 20 mai dernier, les mots de louange et de gloire.

Quoique venus très incidemment, ces mots on tombé douloureusement sur ma conscience, alors justement souffrante de voir naître une nouvelle et plus honteuse boulange, et ils furent la cause déterminante de cet écrit. C'est pourquoi, Monsieur et cher compagnon de lutte, je prends la liberté de vous le dédier en lui conservant la forme quelque peu épistolaire née de son origine.

Je vous saurais gré, et c'est l'unique récompense que j'envie, au cas où quelque erreur d'appréciation ou de principe s'y serait glissée, de m'en faire apercevoir, car, si nous voulons que notre œuvre réalise un réel et durable progrès, nous devons chercher la vérité et vouloir la justice dans toute leur plénitude.

Lyon, 18 juin 1899.

I

MARCHAND — FASHODA

Laubardemont avait coutume de dire : « Donnez-moi deux lignes quelconques d'un homme, et je me charge de le faire pendre. »

Il y a lieu d'espérer que la revision, enfin obtenue, du procès Dreyfus, et la réparation de quelques autres iniquités judiciaires diminueront la puissance des héritiers de Laubardemont ; mais il restera toujours vrai de dire : « Montrez-nous une lettre d'un homme, et nous aurons une révélation de son caractère. »

C'est à ce titre, comme document psychologique, que l'épître du commandant Marchand publiée par les

1.

soins de son ami, M. Le Hérissé, dans le *Gil Blas* du 27 octobre 1898 nous semble intéressante et que nous la reproduisons ci-dessous :

Fort-Desaix, 30 janvier 1898.

« Je suis sur mon départ avec ma flottille de pirogues en bois. Ma flottille à vapeur et en acier est arrêtée, pour le moment, par la disparition subite des eaux, remplacées par des montagnes de sable, dans le lit du Soueh-Waou-el-Houn.

« Il était écrit qu'aucune difficulté, aucun obstacle, aucune tribulation ne nous serait épargnée; mais je ne me trouble pas, je sais que j'arriverai le premier à Fashoda, peut-être de quelques jours, de quelques heures seulement, mais enfin le premier, d'une façon encore assez importante et digne de la France, malgré la dangereuse faiblesse des moyens qu'on m'a donnés au départ et qu'il nous a fallu former de toutes pièces en cours de route.

« Pour le moment, je vais forcer le passage du Sed, en pleine saison sèche, avec des pirogues, embarcations que les Egyptiens n'ont jamais osé employer dans ces parages. Cela nous amuse ! Un danger de plus ou de moins, n'est-ce pas? puisque nous vivons dedans, ça ne peut compter.

« Les postes français créés par la mission jalonnent le Bahr-el-Ghazal. A cette heure, je ne crains ni les Belges ni les Anglais. Nous vivons au milieu de sept à huit mil-

lions au moins de Dunkas, qui, déjà nos amis, vont deve-
nir nos alliés.

« Je vais maintenant travailler les Chilloutis. Peut-être
qu'on va rire d'ici peu sur le Nil. Si nos efforts réussissent,
c'est onze à douze millions d'hommes que nous allons
grouper autour du pavillon français et qui, certes, ne dé-
sirent pas le retour de la domination égyptienne. Ici on
dit : turque.

« Toute ma politique, à cette heure, est dirigée dans ce
sens. Peut-être allons-nous avoir, — je parle de la diplo-
matie française, — un formidable et complet triomphe de
ce côté! Peut-être aussi une veste!...

« La santé est excellente sur toute la ligne. Alors que
nous mourions de faim entre Bangui et Semio, et surtout
entre Semio et Fort-Desaix, et que les dangers de la
famine grandissaient à nos yeux, nous nageons ici dans
l'abondance qui s'attache forcément à une région dépas-
sant en densité de population celle de la France.

« Bref, nous sommes d'attaque, et je pourrais facilement
nourrir, ici et jusqu'à Fashoda, 2.000 hommes, si je les
avais, hélas! Ce qui ne serait pas trop pour résister aux
efforts des 40.000 hommes qui s'avancent par les deux
extrémités du Nil.

« Il est vrai qu'on m'annonce une compagnie de renfort, mais je n'ose plus y croire : on m'a trop laissé sans
moyens et sans nouvelles dans les jours de malheur.

« Il faut que je marche et que j'essaie d'achever mon
voyage avec es cent cinquante tirailleurs que je possède
pour toute armée et qui sont éreintés par les vingt ter

ribles mois qui viennent de s'écouler. Cent cinquante hommes contre quarante mille !!! Si ce n'est pas tordant !

« C'est avec cela qu'il a fallu traverser l'Afrique, en occupant le Bahr-el-Ghazal et le Nil, bientôt après avoir pacifié le Congo, apporté sept mille charges, charrié une flottille !

« On ne doute de rien en France, et il faut croire, tout de même, qu'on doit avoir une dose de confiance dans les officiers auxquels on confie une tâche de ce calibre ! C'est inouï, mais c'est flatteur.

« Il est vrai qu'on m'écrit de Paris que, si j'ai le malheur d'échouer, je serai vilipendé, traîné dans la boue et haché menu comme chair à pâté. Me voilà bien averti !

« Après ma mission, il ne restera, à mon retour en France, qu'à me confier quatre hommes et un caporal, avec l'ordre de prendre Berlin de vive force, à la baïonnette, sans oublier de reprendre Metz, Strasbourg, en passant. Il n'y a que chez nous que l'ordre de faire beaucoup avec rien peut être donné sans rire ! Après tout, on peut toujours mourir. On est presque sûr d'avoir une belle cérémonie, à la Madeleine, deux ou trois ans après. »

Dans ce document, dès le premier paragraphe, l'homme se peint lui-même, nous parlant des eaux du Soueh subitement disparues et *remplacées par des montagnes de sable !*

Tartarinades qui vont crescendo quand il nous dit qu'il lui a fallu former ses moyens d'action *de toutes pièces en cours de route !*

C'est en cours de route, sans doute, que Marchand et ses officiers ont fabriqué la flottille à vapeur qui les portait, les chalands et les pirogues en acier et en aluminium, les armes à répétition, la mélinite, etc. !

Heureusement pour ces héros, « un danger de plus ou de moins n'importe pas, puisqu'ils vivent dedans ».

Et cela est d'autant plus frappant que, sur neuf officiers et onze sous-officiers qui partent du Bas-Congo, dix-huit arriveront à bon port et en bonne santé au terme du voyage. — Tenant compte de la mortalité habituelle sous les climats tropicaux, ce chiffre de deux décès sur vingt, pendant un voyage qui dura trente mois, nous impose absolument l'idée que ce danger au sein duquel ils vivaient n'était, en somme, pas fort dangereux. Moins, à coup sûr, que celui qui étreint le mineur se rendant à son labeur journalier ou le pêcheur qui part pour une campagne sur les côtes d'Islande ou de Terre-Neuve.

Mais, quand on est un héros, on ne l'est pas à demi, on ne s'effraie pas du danger, on lui fait peur. Aussi, c'est avec sérénité que M. Marchand nous parle des 40.000 hommes qui s'avancent contre lui *des deux extrémités du Nil !*

Du dernier paragraphe aucun commentaire ne s'en peut faire. Il faut, pieusement, le relire :

« Après ma mission, il ne restera, à mon retour en France, qu'à me confier quatre hommes et un caporal, avec l'ordre d'aller prendre Berlin, de vive force, à la baïonnette, sans oublier de reprendre Metz, Strasbourg, en passant... »

Je ne sais si, parmi mes amis, il en est qu'ont fâchés les injures adressées à eux par M. Marchand ; elles m'ont toujours semblé profondément satisfaisantes. — Je les lui ai plus que pardonnées, je lui en ai su gré. Des choses qu'il a faites, c'est la seule qui nous ait réjoui.

Les raisons en apparaîtront mieux en continuant notre étude et en citant les documents que nous ont fournis les apologistes de Marchand et ses compagnons eux-mêmes.

Avant de les aborder, et sans entrer dans des détails géographiques qui pourraient paraître abstraits à quelques lecteurs, nous devons dire que, si la traversée de l'Afrique était chose éminemment difficile et aventureuse il y a vingt et trente ans, il en est autrement aujourd'hui. Malgré des rapides qui obligent la navigation à des démontages et à des transbordements pour passer d'un bief dans un autre, en somme, par la voie de l'Oubanghi, du M'Bomou et du Bokou, les bateaux à vapeur remontent jusqu'à M'Bima, à 3.300 kilomètres de Brazzaville et à *70 kilomètres* seulement du point navigable des eaux du Nil. Ces 70 kilomètres à parcourir furent la seule partie vraiment difficile et pénible de l'expédition. —

Pénible s'entend pour les *porteurs* qui durent transborder charges et matériel des eaux congolaises dans les eaux nilotiques.

Malgré la consigne d'être *discret*, les lettres des propres membres de la Mission nous ont renseignés sur les moyens employés par les chefs pour vaincre ces difficultés.

Ces lettres furent publiées par les journaux patriotes au moment où des bruits inquiétants coururent sur le sort de l'expédition, afin de prouver leur inexactitude et pour nous faire savoir qu'au contraire la Mission se portait bien, avançant toujours dans son œuvre de civilisation.

Voici celle d'un sous-officier aux tirailleurs sénégalais datée de Tambourah, 27 août 1897 :

« Chers parents,

« Nous sommes allés dans l'Oubanghi pour occuper la Haute-Egypte, faire connaître notre force aux Derviches, lancer un bateau sur le Nil, et réunir, si c'est possible, notre colonie d'Obock, sur la mer Rouge, à celle du Congo, sur l'Atlantique.

« Nous sommes vingt-trois blancs pour ce travail avec cinq cents tirailleurs noirs. Le plus pénible est pourtant fait; je viens de conduire les derniers morceaux du bateau au bord de la rivière Soueh, où on va le monter.

« Je ne me suis guère amusé avec ces deux cents por-

teurs, que nous avions pris de force et qui cherchaient à
s'échapper à la moindre occasion. On avait beau fusiller
ou pendre ceux qu'on rattrapait, les autres essayaient
quand même et quelqu'un réussissait tout le temps. Alors
les charges seraient restées en arrière, si je n'avais pas eu
la patience d'aller dans les villages voisins, avec quatre ou
cinq tirailleurs, pour ramasser les hommes ou les femmes
qu'on y trouvait; on leur plaçait 30 kilos sur la tête, et je
continuais la route avec toutes les charges; parfois, tout
le monde abandonnait le village; je mettais le feu à une
ou deux cases; généralement le moyen était bon, tout le
monde revenait; on faisait attacher le chef, qui était
obligé de donner des esclaves pour enlever les charges.
D'autres fois, personne ne se présentait; nous faisions
enlever tout ce qui était dans les cases ou les greniers, et
nous le distribuions aux autres noirs du convoi, qui mouraient de faim. La nuit, on surveillait tout ce monde-là;
mais ils s'enfuyaient tous à la fois, et il était difficile de
tuer tout le monde.

« Ce manège-là m'a bien fatigué et bien dégoûté. Vous
ne devez pas trop vous étonner de ce que je viens de vous
raconter : c'est la seule façon d'obtenir quelque chose de
ces brutes. J'en souffrais au début; mais quand je les ai
vus si dégoûtants, si sauvages, se disputer beaucoup de
leurs camarades fusillés pour les manger, il m'arrivait
d'avoir envie de faire faire des feux de salve dans le tas. »

Cette lettre a l'avantage de nous faire connaître non
seulement le caractère de son auteur, ce qui serait

très secondaire, mais de nous renseigner sur *l'état d'âme* de la *Mission* et sur ses pratiques.

Elle nous informe d'abord que la Mission a *pris de force* ses porteurs ; que ceux-ci cherchaient à s'échapper constamment et qu'*on avait beau pendre ou fusiller* ceux qu'on rattrapait, les autres essayaient quand même, et toujours quelques-uns réussissaient !

Alors un détachement en armes allait dans les villages indigènes, *y ramassait les hommes et les femmes ;* on leur mettait 30 kilos sur la tête et on les obligeait, sous peine de mort, à suivre, ainsi chargés, la Mission, dont ils portaient les charges, lesquelles, sans eux, seraient restées dans la brousse, abandonnées par toute la bande de tirailleurs et de gradés.

Elle nous apprend, cette lettre, que si, à l'arrivée de nos hommes, les indigènes quittaient leur village pour ne pas être razziés et pris comme bêtes de somme, les nôtres alors *mettaient le feu au village* et faisaient enlever *tout ce qui était dans les cases ou les greniers.*

Elle nous apprend encore que ces indigènes razziés *mouraient de faim* à notre service et qu'ils en étaient réduits à se disputer pour vivre les corps des leurs que nous avions fusillés !

Conséquence : « Ils s'enfuyaient parfois tous à la fois et il était difficile de tuer tout le monde à la fois. »

Comme excuse, ce gradé nous dit que « c'est la seule

façon d'obtenir quelque chose de ces brutes ». On peut
croire qu'il en serait ainsi dans tous les pays du monde
et que si, chez nous, des étrangers passaient réquisitionnant dans nos villages les hommes et les femmes
pour leur mettre 30 kilos sur la tête et les obliger
à les suivre tant qu'il leur plairait, ceux-ci ne s'y
prêteraient pas de bonne grâce. Mais l'aveu est à rete-
nir surtout parce qu'à Paris M. Marchand nous dira
qu'il n'a employé contre les peuplades hostiles que la
persuasion !

Cette lettre a trop le cachet de la vérité pour qu'il
fût possible d'en contester la sincérité. Mais, au surplus, les renseignements qu'elle nous donne sont con-
firmés par les propres *photographies* du commandant
Marchand. Celles qu'a reproduites le *Petit Journal* dans
son supplément illustré du 28 mai dernier, sont
suffisamment édifiantes, et, même pour ceux qui nient
la lumière du jour en plein midi, il sera difficile d'en
discuter l'exactitude.

Enfin la lettre de M. Nicolas, également sous-officier
à la Mission, lettre datée de Zémio, 12 septembre 1897,
et publiée dans le *Lorrain*, quoique moins explicite,
confirme toutes les informations de la précédente.
Nous en citerons les fragments suivants :

« Malgré les petits tracas que j'ai eus à la suite des fuites
nombreuses de mes porteurs pendant la marche et au

gîte d'étape (pendant la nuit), à la suite des chaleurs et des pluies quotidiennes, je suis arrivé à conduire mon convoi à destination et sans qu'il me manque une seule charge.

« Je suis rentré au poste de Zémio, hier, 11 septembre, en très bonne santé, où j'ai reçu des félicitations de mon capitaine pour avoir très bien conduit mon convoi et *surtout pour l'initiative que j'avais prise en réquisitionnant des porteurs* à remplacer. »

Son capitaine félicite le chef du convoi, moins d'avoir mené sa tâche à bonne fin que d'avoir *réquisitionné des porteurs*, c'est-à-dire d'avoir, par les procédés sus-indiqués, forcé les habitants qui ne nous devaient rien à quitter leurs demeures et à se charger de leurs fardeaux. L'essentiel pour un militaire professionnel n'est pas tant de réussir l'entreprise que d'outrager la nature humaine, de bien montrer qu'en face de l'armée il n'y a ni droit naturel, ni loi morale, ni respect de rien.

Je ne veux pas m'emballer; mais, que des gens de notre pays et de notre race aient commis ces crimes et ces exactions, ces barbaries et ces lâchetés! c'est abominable, et c'est triste à nous faire pleurer, et c'est honteux à nous faire nous cacher!

Puisqu'il s'est formé en France un parti qui a levé le drapeau de la justice, je vous en conjure, vous qui lui appartenez, faites effort pour préserver notre pays de la suprême honte qu'il y aurait à s'y associer, à y applaudir. — Que l'on ne dise pas en nous regardant : « C'est ça le pays de la Révolution ! c'est ça le pays qui se prétend rénové et qui inscrit sur ses bannières : Liberté, Egalité, Fraternité ! Voilà les actes qu'il récompense ! voilà les hauts faits qu'il glorifie et qu'il apothéose ! *Gesta Dei per Francos !* »

En fait, l'armée professionnelle a toujours été la honte, la douleur et le danger de la nation. Elle lui forme une âme de lâche et de valet. Que nous perdions notre honneur, c'est déjà beaucoup trop ; mais que nous perdions notre conscience, que nous perdions la notion du juste et de l'injuste, ce serait le mal sans remède. Oui, si vous tous qui, dans l'Affaire, avez levé le drapeau de la vérité, vous ne protestez pas hautement contre ces crimes flagrants ; si vous acceptez dans notre société ces assassins et ces voleurs, ces incendiaires et ces pillards, alors je ne vois pas du tout que vous ayez, en aucune occasion, le droit de parler de justice et de vérité ; je ne comprends plus pourquoi vous avez protesté contre la condamnation à la fois inique et illégale de Dreyfus.

Si la raison d'Etat excuse les abominations de la colonne Marchand, pourquoi n'excuserait-elle pas l'illégalité qui conduisit un innocent au bagne et tous les forfaits destinés à l'y maintenir quand même ? Est-ce donc parce que Dreyfus a la peau blanche, qu'il est allé à Polytechnique et a porté les galons d'officier que sa personne est sacrée? Je puis, en tranquillité de conscience, vous poser ces questions (car, en fait, nul n'a mieux combattu que moi contre l'horrible jugement, nul n'en a plus tôt pressenti la barbare infamie, nul n'a pris contre elle de plus hardie initiative). Mais j'aimerais mieux passer dans le camp des Max Régis, des Drumont, des Judet, dans le camp des assassins et des faussaires, que de faire chorus avec des *dreyfusards* qui n'auraient plus d'indignation pour flétrir des actes criminels commis contre des gens plus faibles, mais encore plus indubitablement innocents que le prisonnier de l'Ile du Diable.

Et si vous ne demandez pas que nos lois contre l'assassinat, contre le vol, contre le rapt, contre l'incendie volontaire, soient appliquées à ces chefs qui reviennent les mains souillées de sang et d'extorsions, qui, en fait, sont des assassins et des voleurs, alors je ne comprends pas que vous vous éleviez contre Mercier, contre Esterhazy, contre du Paty, convaincus de forfaiture, mais qui, du moins, ont l'excuse d'y avoir été poussés par des gens (j'entends les Drumont, les Rochefort, les Millevoye) contre lesquels il n'y aura pas de poursuites.

Eh quoi donc! Est-ce que notre code et notre morale

qui défendent le meurtre et la spoliation ne les défendent que dans une certaine enceinte ? Et sera-t-il loisible à des gens de venir dire : « J'ai assassiné, j'ai extorqué, j'ai torturé, j'ai incendié ; j'ai pris la femme dans sa demeure, et, sans m'inquiéter si du fait de son absence ses enfants allaient mourir, je l'ai emmenée de force, je lui ai mis un poids accablant sur la tête, et je l'ai obligée de marcher ainsi nue et où il m'a plu, et je l'ai obligée aujourd'hui, demain et toujours ! Et voilà, si elle a cherché à s'enfuir, à retourner vers sa demeure et vers les siens, vers ses enfants dont ses entrailles de mère entendaient les vagissements désespérés, eh bien ! je l'ai fait reprendre et je l'ai ou pendue ou fusillée. — J'ai fait tout cela et bien d'autres choses que je ne dirai pas, mais... c'était loin d'ici, et ceux que j'ai assassinés, violentés, martyrisés, spoliés, dont j'ai brûlé les demeures et volé les réserves, n'avaient ni notre teint, ni nos habits, ils ne parlaient point notre langue. » — Et nous devrions les subir ces gens ! et les défenseurs de la loi, les défenseurs de la justice ne s'opposeraient pas à ce qu'ils recueillent honneurs et profits de leurs forfaits au lieu du châtiment qu'ils ont mérité !

Alors, laissez-moi vous le dire, et c'est tant pis si je suis seul, c'est que vous n'étiez pas en réalité les défenseurs de la justice ni les amis de l'humanité ; c'est que ce n'est pas le crime lui-même ni la violation de la loi morale qui vous déplaisaient, mais simplement la forme de ce crime et de cette violation. Présentés dans un certain décor, ceux-ci vous plaisent, et vous pouvez parler à leur endroit de louanges et de gloire !

FASHODA

Si les pratiques employées par la Mission Marchand pour parvenir à son but furent un peu..... militaires, ce but en lui-même était-il légitime?

Pourrons-nous, du moins, nous couvrir de l'adage cher aux politiques et aux fils de Loyola : « La fin justifie les moyens » ?

Hélas ! tels moyens, telle fin.

Mais, avant d'examiner l'honorabilité du but, débarrassons le terrain de deux critiques qui ont été adressées à la Mission et qui, à notre avis, ne sont pas fondées.

Quelques personnes, s'appuyant sur les déclarations formelles de lord Grey posant en principe que toute expédition qui viserait des territoires arrosés par les affluents du Haut-Nil serait considérée par l'Angleterre comme un acte anti-amical, ont pensé et dit que l'expédition Marchand, visant Fashoda, sur le Nil, avait justement pour but de créer un *casus belli*, afin de détourner vers ce grave conflit extérieur l'attention des esprits portée par l'affaire Dreyfus sur les actes délictueux commis par les chefs de notre armée. C'est une erreur et une injustice.

D'abord, à l'époque où fut organisée l'expédition Marchand, l'affaire Dreyfus n'était point soulevée..... Au fait, cette raison suffit.

La vérité est qu'escomptant les sentiments anti-belliqueux de la nation anglaise, déjà mis à l'épreuve dans les affaires de Tunisie, de Siam, de Madagascar, nos politiques pensaient qu'il n'y avait qu'à marcher de l'avant et qu'une fois de plus le gouvernement anglais, tout en protestant, s'inclinerait devant les faits accomplis.

Mais « tant va la cruche à l'eau qu'à la fin elle se casse ». L'attitude de protecteurs du Sultan, que, de concert avec le prince Lobanoff, notre ministre Hanotaux avait eue en Orient pendant les massacres arméniens, l'étranglement de la vieille colonie anglaise de Sierra-Leone par l'occupation française de son hinterland, nos manquements de parole dans l'observation des traités à Madagascar avaient mis à bout le flegme de l'Angleterre, et elle dut s'entendre dire que, si la guerre était un grand mal, il y en avait cependant de pires, et elle se prépara à soutenir ses paroles par des actes. Un ultimatum fut préparé : pour l'éviter, nous dûmes reculer.

Les amis de Marchand et Marchand lui-même ont dit que s'il en fut ainsi, l'*Affaire* en était cause, car elle nous avait divisés, etc. Si cela est vrai, au lieu de nous amener la guerre, comme les Judet l'avaient mensongèrement crié sur les toits, l'Affaire nous en aurait donc préservés ! Préservés malgré le désir intense que tant de gens avaient de cacher leurs vilenies dans une conflagration ! C'est après tout possible, et ce n'est pas le moindre bienfait que nous aurons retiré de la défense du droit.

Mais les partisans de la revision, par crainte de passer pour de tièdes patriotes, n'en ont pas convenu, et le grief qu'ils font à leurs adversaires c'est surtout de n'avoir pas été prêts. — Urbain Gohier, par exemple, parlant de la souscription, ouverte dans le *Gaulois*, pour offrir un hommage à Marchand, écrit dans l'*Aurore : «* On y voit les mêmes noms que dans la souscription pour Henry : tout l'armorial de l'Emigration. Comme un vol de corbeaux annonce le cadavre, cette affluence de Kaiserlicks annonce le crime contre la France. Et c'en était bien un que *de jeter délibérément la France dans une guerre contre l'Angleterre, alors que nos arsenaux étaient vides, nos côtes désarmées, nos escadres invalides,* alors que nos marins sont commandés par des amiraux de sacristie,etc. (1).» La plupart de ces affirmations se peuvent contester : nos arsenaux n'étaient pas vides; quelques accidents tout aussi fréquents et aussi graves dans les marines étrangères que dans la marine française ne faisaient pas nos escadres *invalides,* et des amiraux de sacristie peuvent être de bons marins (2). Mais surtout ce n'est point là la question, car, en basant les critiques sur l'état de nos forces, il en résulterait qu'au cas où celles-ci eussent été plus considérables et celles de l'Angleterre moindres, l'entreprise se fût trouvée justifiée et que Marchand aurait bien agi.

Au fond, c'est la théorie qui ne reconnaît de droit

(1) Georges Clémenceau soutient la même thèse : « *Nos côtes n'étaient pas défendues, notre flotte de combat n'était pas en état de servir.* » Puis, sans doute pour se montrer plus patriote que les nationalistes, il nous parle de la paix de Francfort, « qui nous arracha un lambeau, *non pas de l'Afrique, mais de la France* ». (*Aurore* du 2 juin). On dirait vraiment que l'affaire de Fashoda nous a *arraché un lambeau de l'Afrique!*

(2) Voici l'état officiel des deux marines en 1898 : la flotte française comptait 457 bâtiments de guerre, armés de 3.766 bou-

qu'à la force ; la théorie d'après laquelle il est loisible d'attaquer, molester les faibles : comme on n'y court pas de danger, c'est servir sa patrie. Mais respect aux forts !

Sous la plume d'un *défenseur de la justice*, cette théorie de lâcheté et de brigandage est encore plus révoltante que dans la bouche d'un nationaliste, qui, du moins, ne dissimule pas, lui, son adoration exclusive de la force et son mépris du droit désarmé.

L'on a dit aussi que Marchand avait dépassé ses instructions, voulant en quelque sorte mettre la marche sur Fashoda sous sa responsabilité propre. La lettre de Marchand au Sirdar Kitchener ne permet pas cette supposition. Et puis évidemment cette organisation d'une troupe en armes avec cadre de neuf officiers et munitions de guerre, cette flottille de canonnières, toute cette force *gouvernementale* n'avait

ches à feu et montés par 44.000 hommes sans compter l'infanterie et l'artillerie de marine.

La flotte anglaise, elle, comptait 525 bâtiments avec 2.887 bouches à feu et 89.000 hommes. On le voit, la supériorité de l'Angleterre n'est guère que dans le nombre de ses marins. — Mais, jalousée par l'Allemagne, elle n'avait, en cas de guerre, à compter sur l'appui de personne, et la France pouvait, suivant toute apparence, compter sur le concours actif de la Russie, de la Russie, rivale de l'Angleterre, sinon ennemie déclarée, et alliée de la France. Or, son appoint fait plus que rétablir l'équilibre, car il ajoute 214 bâtiments, 1.545 canons et 42.000 marins.

pas été mobilisée pour simplement faire une prome-nade sur l'Oubanghi. Il s'agissait bien d'une expédition de guerre, et le but assigné était l'occupation du Bahr-el-Ghazal et de Fashoda.

Ces provinces du Haut-Nil, qui avaient pendant quelque temps fait partie de l'Egypte, s'en étaient séparées depuis le mouvement madhiste et, aux mains des Derviches, constituaient une province de leur empire.

Puisque nous avons la prétention que les bandits qui gouvernent le monde doivent abdiquer et que l'honnêteté doit présider aux actes politiques et aux rapports internationaux, nous devons nous demander de quel droit la France pouvait prétendre s'emparer des susdites provinces ? Et là est le nœud de la question.

L'on a parlé de droits de premier occupant. C'est une dérision, car dans un pays habité il n'y a évidemment pas de pareil droit à prendre, les premiers occupants en étant incontestablement les habitants. (Mais n'est-ce pas une douleur et une honte que nous soyons obligé de dire des choses aussi simples et que nous devions constamment rappeler à nos dirigeants le *b a ba* de toutes choses ?)

L'Angleterre, il est vrai, organisait une expédition pour détruire le gouvernement des successeurs du

Mahdi et reconquérir au nom de l'Egypte ce que l'on a appelé le Soudan égyptien.

Sans doute. Mais ceci diffère. L'Angleterre était restée, depuis le désastre de Kashgil et la mort de Gordon, à l'état de guerre avec le Khalife. Entre eux il y avait du sang. Et, si l'Angleterre préparait une expédition contre les Derviches, ceux-ci en étaient avertis. Du reste, ils ne désiraient pas la paix, mais convoitaient la conquête de l'Egypte et l'on ne peut guère conserver de doute que l'Egypte laissée à elle-même ne fût tombée sous la domination des Khalifes d'Omdurmann. — Eût-ce été bien ? eût-ce été mal ? c'est là une autre question. Il semble bien, malheureusement, que cette domination eût été terriblement cruelle et despotique. Et cette cruauté et ce despotisme, attestés par les récits des prisonniers du Madhi, furent la raison ou le prétexte qui maintint l'état de guerre entre les deux influences sur le Nil, entre l'influence anglaise et l'influence madhiste : l'une devait détruire l'autre. — Un moment, après ses grands triomphes sur tous les pachas égyptiens, après la défaite et la mort du roi Jean d'Abyssinie, après la prise de Khartoum, on put croire que l'influence des Derviches, soutenus par un ardent fanatisme, serait irrésistible.

Et de fait, cet empire si hâtivement élevé tint plus de quinze ans en échec les forces anglo-égyptiennes.

Cela étant, nous avions le choix, nous, entre trois partis : 1° rester neutres ; 2° soutenir les Derviches contre les Anglo-Egyptiens ; 3° enfin, prendre parti pour ceux-ci contre le Khalifat. — Mais, *quelque parti que nous prissions, nous devions le faire ouvertement, loyalement.* — Un droit que nous ne pouvions pas avoir, parce que cela ne constitue pas un droit, mais un acte de banditisme, c'était d'organiser subrepticement une expédition pour assaillir, par derrière, l'un des belligérants, et de profiter de ses embarras pour tirer notre profit à ses dépens.

Si c'est le plus faible, si c'est le vaincu que nous nous proposions d'assaillir ainsi, cette intention criminelle ressemble à l'acte de celui qui poignarde un blessé sur le champ de bataille pour le dépouiller, et je ne sache pas que même les plus délirants patriotes aient exalté l'acte de Thénardier. — L'entreprise Marchand ne tendait à rien de moins qu'à nous faire jouer ce rôle.

Remémorons-nous. Après une longue préparation, le Sirdar a repris la marche en avant sur Khartoum, et le Khalife, pour lui résister, est obligé de réunir toutes ses troupes, de concentrer toutes ses forces, dégarnissant d'autant ses derrières. — Ainsi de nous, en 1870, lorsque nous combattions sur le Rhin et les Vosges, nos provinces pyrénéennes se trouvaient désarmées. — Marchand, sur ces entrefaites, arrive et s'embusque clandestinement avec ses tirailleurs sénégalais et haoussas dans les vieux murs de Fashoda, et, lorsque, l'armée madhiste se trouvant dépourvue de vivres, l'Emir Saïd Dejhein remontera le Nil Blanc sur ses deux bateaux pour aller lui chercher du blé et la réapprovisionner, il trouvera la place occupée subrepticement. — Il se croit chez lui et en pays ami, et il est accueilli à coups de fusils et de mitrailleuses, et ses vieux bateaux sont coulés. — De quel droit ce fait de guerre, qui est une forfaiture et un acte de traîtrise ? *De quel droit Marchand a-t-il tiré sur ces gens, avec lesquels nous n'étions pas en guerre et qui, eux, l'étaient avec un autre adversaire?* Avons-nous à ce point perdu le sens moral, le sens de la loyauté, pour ne pas voir ce que ce rôle a d'ignoble, d'odieux? — Les coups de fusil de Marchand à Saïd Dejhein, c'est le coup de poignard dans le dos donné lâchement et traîtreusement au -blessé qui lutte et qui se défend encore. — Pour suivre notre comparaison, c'est comme si en 1870 l'Espagne avait profité de nos embarras dans le nord pour traverser clandestinement les Pyrénées et venir, en armes, à Bordeaux, exercer des *droits de premier occupant!*

En face des Derviches, luttant après tout avec héroïsme contre leurs redoutables adversaires, et que nous venons, chez eux, subrepticement frapper par derrière, nous jouons un rôle que je ne peux pas qualifier.

Vis-à-vis de l'Angleterre avons-nous meilleure situation ? — Guère.

L'Angleterre retient contre elle toute l'armée derviche (1). Elle peut être vaincue, Kitchener pourrait avoir le sort de Hicks, et alors c'est un désastre qui fond sur elle et qu'elle est seule à supporter. Elle peut être victorieuse, comme c'est le cas, et alors elle doit, d'après les constantes pratiques de la guerre et les élémentaires principes, en recueillir les avantages.

Mais ce qui n'est aucunement admissible, c'est que, tandis qu'elle assume les risques et les charges de la guerre, un intrus, qui n'est ni pour ni contre, vienne planter son piquet sur le terrain en litige et dise : « Ceci est à moi ! »

Est-ce parce que je n'ai pas fréquenté les écoles de haute politique ? Mais cela me paraît énorme.

Non, non, Monsieur Gohier, non, non, Monsieur Clémenceau, ce n'est pas tant parce que nous n'étions pas en mesure qu'il ne fallait pas faire la guerre, c'est surtout parce que nous n'avions aucun droit, parce que nous étions, dans l'aventure Marchand, des agresseurs félons frappant le blessé par derrière et pas même en situation de conserver notre face, comme disent les Chinois, devant le vainqueur. C'est parce que, beaucoup plus mau-

(1) Il est bien évident que, si les forces mahdistes n'avaient eu à lutter au nord, ce n'est pas Marchand et ses tirailleurs qui pouvaient se mesurer avec elles.

vaise que notre situation matérielle, nous avions dans
cette entreprise une situation morale sans nom :
sans nom parce qu'une pareille posture ne peut pas se
nommer dans la langue des hommes; parce que, si
nous triomphions, c'étaient le brigandage et la félonie
qui triomphaient, et que, si nous succombions, nous
avions avec la défaite la honte, le déshonneur qui font
que de pareilles défaites l'on ne se relève plus.

VUES D'ENSEMBLE

Dans notre succincte étude nous n'avons rien dit des débuts de la mission Marchand et de l'œuvre militaire au-dessous de Brazzaville.

Cependant, si nous voulons jeter un coup d'œil d'ensemble sur l'expédition, un retour en arrière est nécessaire :

Les populations riveraines de l'Ogooué et du Bas-Congo ont été, il y a quelque quinze ans, catéchisées par le pacifique, le doux Savorgnan de Brazza. Il a réussi alors à leur persuader de renoncer à leurs na-

tives libertés pour se placer sous notre domination. —
Oh ! domination, c'est là un bien gros mot. — Non, la
France, nation libre et libérale, ne leur imposerait aucun joug, aucune contrainte : leurs mœurs, leurs
usages, leurs droits, toutes leurs libertés, tous leurs
biens seraient non seulement respectés, mais *protégés*,
sauvegardés, et ils allaient être appelés à jouir de
bienfaits aussi vastes qu'inconnus. — Ces promesses,
un peu... fallacieuses, appuyées de quelques pièces
de cotonnade et de quelques tonnes de quincaillerie,
décidèrent facilement les crédules indigènes à signer
des traités auxquels, du reste, ils ne comprirent rien,
— mais qui les enchantèrent, car, en échange de ses
largesses, le blanc généreux et bon ne leur deman-
dait rien, sinon d'arborer au haut d'un poteau un bout
d'étoffe qui, sous le grand soleil d'Afrique, viendrait
marier joyeusement ses trois couleurs aux riches dé-
cors de l'exubérante végétation tropicale.

En réalité, sans qu'ils s'en fussent doutés, c'est leur
pays même, tout leur territoire, leurs forêts, leurs
mines, leurs plaines, leurs vallées, tous leurs droits et
tous leurs biens, et jusqu'à leurs personnes mêmes,
que le doux enjôleur s'est fait livrer contre ses paco-
tilles de faux clinquants et de... mensonges.

Et quand la vérité leur apparaîtra, il sera trop tard.
Le traité, comme l'a dit Hanotaux à la reine Ranavalo,

est *unilatéral.* — Unilatéral! voilà un mot superbe!

Nous autres, gens du commun, quand nous passons un contrat quelconque, nous ne le concevons pas autrement que *bilatéral,* c'est-à-dire engageant les deux parties. — Que le traité soit un acte écrit ou une simple parole, il en est toujours ainsi. — Un traité unilatéral nous paraît aussi absurde qu'une feuille à une seule face, une balance à un seul plateau, un oiseau qui vole et n'a qu'une aile. Les diplomates, gens inventifs, l'ont déniché, cet oiseau rare, et je vous assure qu'il vole très bien.

Donc, le traité signé par l'indigène est unilatéral, c'est-à-dire qu'il n'engage qu'une des parties : lui; l'autre est simplement devenue maîtresse de faire ce qu'elle veut, *tout* ce qu'elle veut. Et, désormais, celui qui osera, parmi les natifs, réclamer le plus simple droit inhérent à la qualité d'homme, deviendra un révolté, un rebelle, contre lequel les meutes noires dressées au Sénégal par les éducateurs blancs pourront se donner du *plaisir.*

C'est justement le fait qui s'est produit au début de l'expédition Marchand.

Puisons, pour être sûr de ne rien exagérer, nos renseignements chez les apologistes de Marchand, exclusivement.

Au mois de mai 1896, le chef du village de Makabendilou avait enlevé les isolateurs en porcelaine d'une

ligne télégraphique. Pour le punir, M. Dolisie, lieute-
nant-gouverneur du Congo, lui fait reprendre la batterie du fusil à pierre dont il lui avait jadis fait présent et la fait déposer au poste de Comba. Ceci, pour
le chef nègre, était un grave affront, et, afin de se
venger de cette humiliation et de récupérer son pré-
cieux fusil, il se met en révolte ouverte, attaque osten-
siblement le courrier de Brazzaville et s'empare du
sac de lettres chargées pour le haut fleuve; puis il
adresse au chef de poste de Comba ce message impé-
ratif : « Mon fusil, ou je garde le sac! » Qui a tort,
qui a raison dans ce démêlé? Il est difficile de le savoir, mais l'essentiel c'est que l'on parlemente et que
l'on finit des deux parts par s'entendre : la batterie du
fusil est rendue, et Mabiala Niganga rend loyalement
le sac intact. *On se sépare bons amis.*

Mais ici les avantages d'un traité unilatéral vont se
montrer. — Le nègre a restitué le sac; on lui a même
fait présent, en surplus de son fusil, de quelques ballots
d'étoffe; l'affaire est donc terminée, et le nègre dort
sur ses deux oreilles. Mais le chef de poste de Comba
a *négligé*, paraît-il, d'annoncer à Brazzaville que la
paix est conclue! — Et l'administration réquisitionne
une compagnie de braves tirailleurs sénégalais, en
relève pour l'Oubanghi, et la lance sur Makabendilou,
le village de Mabiala. *A titre d'exemple*, et malgré
l'arrangement du différend, le village est brûlé, avec,

dit la narration officielle, *avec quelques villages voisins.*

Cet exemple fut mal compris, mal interprété par ces brutes de sauvages. Tout le pays se soulève. Le convoi de porteurs partant de Comba est assailli, les porteurs abandonnent leurs charges dans la brousse et rentrent chez eux.

Marchand accourt à la tête de cinq compagnies, et, pour n'être gêné par aucune loi morale ou humaine, il demande à de Brazza de proclamer l'*état de siège!* Le doux et sage gouverneur ne lui refuse pas ce petit service. Alors l'ordre est d'abord donné de ramener par la force les porteurs ; ceux qui protestent sont exilés aux confins de la colonie, — absolument comme en Russie le tsar exile ceux de ses sujets qui déplaisent à la police aux confins de la Sibérie. — Le capitaine Baratier prend la direction des opérations, et le 17 septembre Balimonéké est pris et tous ses défenseurs massacrés, tandis que Marchand, terrassé par un accès de fièvre, a été forcé de s'aliter et est en danger de mort. Mais « grâce, dit la chronique, aux soins dévoués d'un ange, sœur de charité, il se rétablit en quinze jours ». — Cet *ange* semble avoir gardé toute sa magnanimité pour lui, car, à peine rétabli, Marchand va reprendre le cours de ses exploits. — Par le fait, toutes les charges actuellement ont passé, et il est inutile de poursuivre une rébellion qui est virtuellement éteinte. Mais Marchand est jaloux des lauriers de Baratier. Il écrit le 21 septembre de Kimbédi : « Je veux bien montrer aux indigènes turbulents que *c'est fini de rire.* » — Mabiala Niganga, qui ne peut croire que ses frères et lui soient devenus les choses de ces étrangers blancs venus avec des paroles si pacifiques et si captieuses, s'est retiré, plutôt que de se rendre, dans les grottes calcaires d'Oulouma. « Marchand et ses troupes l'y traquent. Mabiala, qui sait mourir avec courage, fait une défense de sanglier, refuse de capituler, tue ou blesse six tirailleurs, et meurt enfin avec sa famille et quelques fidèles guerriers, asphyxiés et ensevelis sous les quartiers de roc des cavernes effondrées par la mélinite. » Une seconde fois, quoique sur une moindre échelle, l'exploit du colonel Pélissier asphyxiant les Arabes dans les grottes du Dahra est renouvelé. La tradition militaire ne perd pas ses droits, et Marchand vise à toutes les gloires (1).

(1) Voici, d'après Ch. Castellani, le récit de ce *fait d'armes*, à lui-même raconté par le capitaine :

« J'apprends de la bouche de Marchand les détails de la mort du célèbre Mabiala de Macabandilou.

« Chef redouté et respecté dans toute la contrée, grand féticheur, Mabiala exerçait, dans un rayon étendu, une influence incontestable. Disparu subitement, on le cherchait en vain ; les indigènes, interrogés, affectaient une ignorance parfaite. Ce fut une femme, — Dalila, toujours ! — qui le vendit. M. Fredon, chef du poste de Balimonéké, avisé qu'il habitait une caverne à

Cependant, n'êtes-vous pas de mon avis? Il me semble que ce Mabiala fait assez bonne figure. C'est en son genre, et toutes proportions gardées, une sorte de

double issue, fit part de cette découverte à Marchand, qui donna immédiatement à Baratier l'ordre d'investir le repaire et de s'emparer du rebelle.

« Baratier partit le 21 octobre, à 2 heures du matin, avec vingt tirailleurs sénégalais; après une marche assez pénible, il atteignit la grotte, dissimulée derrière un rideau de broussailles inextricables. Elle était entièrement vide! Evidemment il y avait erreur; mais comment se retrouver dans ce fouillis de hautes herbes et de lianes, et surtout en pleine nuit? Pendant qu'on examinait attentivement les alentours, une lueur de foyer apparut subitement en contre-bas, à travers la brousse; et, en s'approchant avec précaution et silence, on put nettement distinguer des gens endormis auprès d'un feu de troncs d'arbres, à l'entrée d'une ouverture de caverne assez étroite et très basse. La position fut cernée, et l'on attendit, pour commencer l'attaque, le lever du jour.

« Ce fut Mabiala qui ouvrit le feu sur les premiers assaillants qui se présentèrent. Baratier reçut, presque à bout portant, une décharge qui blessa grièvement derrière lui un tirailleur sénégalais, que cinq projectiles avaient atteint à la fois, lui fracassant l'épaule et la clavicule gauche. Plusieurs autres tirailleurs qui suivaient de près furent, en quelques secondes, mis hors de combat. Mabiala et ses hommes, accroupis sous une voûte très basse, tiraient à coup sûr, et la situation devenait critique pour les nôtres, qui n'avaient aucune idée de la topographie intérieure de la caverne. On dut renoncer à ce genre d'attaque. M. Jaquot, sous-chef de poste de Balimonéké, qui avait accompagné Baratier et essuyé avec lui la première salve, si meurtrière, retourna au village chercher du renfort et des munitions. En route, il rencontra le convoi du capitaine Marchand qui se dirigeait sur Brazzaville. Celui-ci mit sa cara-

Vercingétorix. Et quoiqu'il ait succombé, lui et sa famille, quoique les narrateurs n'aient pour lui que des outrages, j'aimerais assez d'être Mabiala.

vans en sûreté et, avec vingt Sénégalais, se porta rapidement sur le lieu du combat. Après avoir vainement tenté d'élargir l'entrée de la grotte avec de la dynamite, il jugea impossible, sans subir de grosses pertes, d'y pénétrer par ce moyen. *Il fit allumer des boîtes de paille qu'on poussa avec des fourches, et un boucanage en règle commença.* Après plusieurs heures d'attente, les abords de la caverne furent déblayés, et l'on attendit que la température fût abaissée suffisamment pour permettre l'accès dans l'intérieur. Alors seulement on pénétra dans la grotte.

« Après des recherches minutieuses sans résultat, on commençait à croire que les défenseurs de ce vaste souterrain s'étaient échappés par une issue aussitôt refermée derrière eux, lorsqu'on découvrit tout au fond, dans une sorte de couloir, des cadavres entassés. *On les tira l'un après l'autre par les pieds et on les traîna jusqu'à l'entrée de la caverne.* Le second fut immédiatement reconnu par les indigènes présents, qui s'écrièrent, en se voilant la face avec les mains : « Mabiala ! Mabiala ! » Sa tête fut tranchée et exhibée dans le village »

On voit que Marchand n'hésite pas à se servir de l'arme des lâches, de l'asphyxie. La manière dont il fait tirer par les pieds les cadavres entassés de ses ennemis, dont il n'a désormais rien à craindre, rappelle tout à fait la générosité espagnole vis-à-vis de Macéo mort et lui aussi traîné par les pieds.

Le même Castellani peint ainsi le héros : « Brun, l'œil noir et vif, le capitaine, au-dessus de la moyenne, a l'oreille très détachée, ce qui est toujours un signe d'énergie. Son allure, souple et dégagée, n'exclut pas la robustesse; la tête est rasée de près, et sa barbe noire encadre bien sa figure. Le cou est hardiment attaché sur les épaules Au moral, gai et en dehors,

Quant à être son bourreau ! Non, il n'y a pas de quatrième galon qui tienne, ni de croix d'honneur ; l'idée de le toucher, même avec des pincettes, me fait horreur ! Et tous les applaudissements que ce mélini-teur et cet asphyxieur de familles noires recueille des beaux fils nobles qui, jadis, avaient si bien frappé de leurs cannes et piétiné de leurs bottes select les femmes tombées dans l'incendie du Bazar de la Charité ; tous les bravos de ces loyaux gentilshommes de l'Armorial de France, qui hier insultaient lâchement et bassement l'hôte qu'ils avaient très respectueusement invité, n'y peuvent rien changer. Et je n'envie, à ce prix, ni l'embrassade du prince qui serra jadis Esterhazy dans ses bras, ni même le rance baiser de la duchesse qui de ses millions soldait la Boulange.

Et, pensant ainsi, j'estime avoir gardé, sinon les traditions des nobles, du moins les nobles traditions.

Mais le massacre de Mabiala et de sa famille ne suffisait pas au vaillant capitaine. On fit « payer d'un coup aux populations tous leurs crimes arriérés ». Ce que cache cet euphémisme officiel, nous ne le savons pas exactement. — En tout cas, des *complices* de Ma-

sans arrière-pensée, n'aimant pas trop la contradiction, et, *avec un grain de férocité dans le profil*, au demeurant le meilleur homme du monde et capable de tous les attendrissements. Avec ses hommes, comme à l'égard des indigènes, *il a*, selon l'expression connue, mais qui semble inventée pour lui, *une main de fer dans un gant de velours*. »

biala s'étaient enfuis au nord, chez les Batékès; une sommation décida ces derniers à les livrer. Marchand, toujours héroïque, les fait passer en cour martiale, et, le 27 novembre, Mayoké, Missitou et Mabala, chefs insurgés, sont condamnés et fusillés à Bamou.

Comme l'avait dit Marchand : *c'était fini de rire*. Et cela leur apprendra, à ces sauvages, de s'indigner qu'on ait brûlé leurs villages quand on venait de se quitter bons amis et de se donner des gages de paix ! Comme si des officiers français, à trois galons, étaient tenus au respect de leur parole envers des moricauds !

Ce triple assassinat fait dans les formes militaires à Bamou fut du reste suivi de nombreuses exécutions dans la brousse, car (nous suivons toujours la narration officielle) « des colonnes volantes furent lancées dans toutes les directions ». Et, naturellement, la contrée ayant été déclarée par M. de Brazza en état de siège, elles avaient *carte blanche* ou carte rouge, et elles continuèrent pendant quelques semaines la fête commencée dans la grotte des monts Balimonéké.

Depuis lors, Marchand fut avisé que certaines attitudes à la Pizarre n'étaient pas de saison et qu'une partie de la nation ne serait point disposée à donner son approbation ni ses louanges à des massacreurs de nègres et de négresses, à des brûleurs de pauvres villages, même galonnés et décorés, et on lui dit que l'ornière de sang et d'exaction tracée tout le long de son parcours par la *Mission* n'apparaîtrait pas comme un sillon de gloire. Aussi Marchand, entre Toulon et Paris, a transformé son visage. Dans ses allocutions au Cercle militaire, ce n'est plus le *Tartarin* de la mairie de Toulon qui se montre, non ; l'orateur est tout miel et tout sucre, et, s'il dépendait de lui, comme il râturerait bien les trop précis renseignements donnés précédemment par ses sous-ordres et par lui-même.

Une phrase résume sa nouvelle attitude: « C'est par la persuasion que j'ai vaincu les peuplades hostiles que j'ai rencontrées sur ma route. »

Menteur, à qui espères-tu donner le change? Tu oublies que, parlant de fusillades et de pendaisons à propos de gens coupables de vouloir retourner chez eux, tes amis ajoutent comme excuse: « C'est la seule manière d'obtenir quelque chose de ces brutes. » Tu oublies tes cours martiales sur le Bas-Congo après une guerre où le beau rôle n'est pas de ton côté, tu oublies ta propre lettre au Sirdar Kitchener dans laquelle tu te vantes d'avoir mis à mal les gens de Saïd-Dejhein qui n'étaient pas tes ennemis et que tu as frappés par derrière, en traîtrise, comme un lâche !

Maintenant l'on dira : « Oui, l'œuvre des Baratier et des Marchand fut injustifiable quant à son but et barbare dans ses pratiques, digne, par conséquent, des pires flétrissures, car l'assassinat, le rapt, l'incendie, la trahison commis loin de nous ne cessent pas d'être criminels ; mais les chefs de la Mission restent indemnes, car ils ont été commandés et, comme soldats, ils n'avaient pas à la juger, mais à obéir. »

La réponse est commode, et elle est à la mode. C'est d'elle qu'Esterhazy, auteur du bordereau, se couvre pour s'excuser d'avoir laissé agoniser un innocent au bagne ; Henry et du Paty s'en réclament pour excuser leurs faux. Et comme ils posent en victimes et parlent d'obéissance héroïque, rien ne montre mieux le danger mortel que font courir à la morale et à la civilisation tout entière les théories militaristes d'obéissance passive.

Sans doute, le chef prescrivant un ordre qui mènera son exécutant au crime en assume l'entière responsabilité ; mais le sous-ordre qui l'exécute, dans quelque situation qu'il soit, n'en reste pas moins, lui aussi, complètement responsable. La complicité dans le mal n'en diminue pas l'étendue.

Non, il n'est donné à aucune puissance humaine de prescrire légitimement le mal, et l'homme, en aucune situation, en aucune circonstance, n'est libre d'abdiquer sa conscience. L'ordre inique peut, comme c'est le cas quand il est donné au simple soldat, embusquer derrière lui d'immenses forces de

coercition, cela n'importe absolument pas. Quand toutes les puissances de la terre, et encore celles du ciel,
lui commanderaient une action cruelle, oppressive,
injuste, comme l'assassinat du faible, la spoliation du
pauvre (et *les guerres où s'est illustré Marchand ne
furent jamais autre chose*), il n'en a pas moins le devoir absolu de pratiquer la justice, de ne pas faire
aux autres ce qu'il ne voudrait pas qui lui fût fait à
lui-même. Mais si le simple soldat risque sa vie en
refusant d'exécuter l'acte injuste qui lui est prescrit,
l'officier, lui, est toujours libre de démissionner ; ce
n'est pas sa vie, c'est simplement ses galons qui sont
en danger.

Et quant à la prétention qu'en agissant ainsi Marchand et ses acolytes ont travaillé à la grandeur de
la France, cette prétention est non seulement fausse,
elle est outrageante, elle est révoltante. — Non, non !
l'on ne sert pas la France par l'assassinat, par la spoliation, par le brigandage, par la violation de tous
droits et de toute pudeur. — La France que nous voulons aimer, Monsieur Marchand, n'est pas et ne peut
pas être une force d'iniquité et d'oppression, elle ne
peut pas être la bande d'esclaves et de brigands que
vous avez rêvé d'en faire ! Elle porte au contraire en
elle, et dans chacun de ses membres, une vie morale
et intellectuelle intense. Chacune de vos énormités

commises en son nom et sous son drapeau la frappe au cœur, l'atteint dans son honneur et dans sa prospérité ; — vous ne l'avez pas servie, vous vous êtes servi d'elle.

Et puis, en fait, retenez bien ceci : le résultat de votre expédition n'a été que de consolider la domination anglaise en Egypte, d'éloigner le jour où les populations du bassin du Nil, en possession de leur indépendance, appartiendront à elles-mêmes. — Votre aventure de Fashoda a été le *coup de marteau qui a rivé l'épée anglaise dans sa conquête* et qui ne permet plus qu'on lui dise avec autorité de l'en retirer.

Désormais, grâce à l'expédition Marchand, toute demande d'évacuation de notre part contiendra ce sous-entendu : « Ote-toi de là que je m'y mette ! » car nous sommes bien et dûment convaincus d'en avoir essayé *manu militari* la prise de possession. (Oh ! dans une région seulement ! mais on sait comme ces prises de possession font rapidement tache d'huile.)

Or, comme dans ses colonies et protectorats l'Angleterre maintient, avec les autres libertés, la liberté commerciale, et que nous, au contraire, nous pratiquons l'enrôlement forcé et le protectionnisme commercial, il est clair que l'intérêt des populations indigènes et du monde entier est que nous ne réalisions pas nos desseins.

Sous le protectorat anglais, l'indigène a du moins le droit élémentaire d'acheter à qui il lui plaît ses objets de consommation. Ainsi le groupe humain qu'il constitue ne se trouve pas enserré dans une muraille de Chine qui le retrancherait de la vie mondiale. Le monde qui travaille, le monde qui produit en conserve l'accès et le marché. — C'est de simple équité. Eh! d'accord, mais cette simple équité, nous ne savons pas l'avoir. Enfin l'indigène n'a pas à craindre de voir s'établir chez lui cette quintessence de tyrannie et d'inquisition qu'est la conscription en pays conquis.

Je sais bien que l'on exploite auprès du public ignorant ce préjugé tenace qu'il suffit de se montrer canaille et sans scrupules pour se faire une réputation d'intelligence, d'habileté. Mais, dans la réalité, sottise et canaillerie vont très bien de pair, leur union est inséparable, et la démontration en est que, si fêter Marchand c'est fêter un attentat criminel de la force armée contre la faiblesse désarmée, fêter Fashoda c'est fêter une victoire anglaise, et la plus décisive, la plus grosse de conséquences des victoires anglaises depuis Waterloo (1).

(1) Avec cette différence toutefois : c'est qu'à Waterloo la France était seule et que l'Angleterre avait des alliés, tandis que, inversement, à Fashoda l'Angleterre était isolée et que nous avions un allié monstre. Et cette différence encore : c'est qu'à Waterloo nous n'avons cédé que lorsque le sort des armes,

Nos profonds politiques s'en doutent bien un peu. Ils s'en tirent auprès de leurs lecteurs en disant que, si nous avons été acculés après nos fanfaronnades à la plus humiliante des reculades, en revanche le traité avec l'Angleterre nous a donné le Tibesti, le Baguirmi, le Borkou, etc.

Voilà qui est cocasse. De quel droit l'Angleterre nous a-t-elle pu donner ce qui ne lui appartenait en aucune façon, pas plus qu'à nous ? Allons-nous lui reconnaître un droit de souveraineté sur le monde ? Pourquoi ne nous donnerait-elle pas aussi le Pérou et le Japon, et le soleil et la lune (1) ?

Votre patriotisme, Messieurs les marchandistes, contient d'étranges pratiques et..... d'étranges théories !

dans une sanglante journée, eût prononcé, alors qu'à Fashoda nous nous sommes reconnus vaincus sans combat !

Celui qui procure à son pays une pareille gloire évidemment a droit à la reconnaissance de ses compatriotes et au titre de grand citoyen.

(1) C'est pour prendre *possession* de ces territoires et de leurs populations (1) qu'ont été organisées les *Missions* Foureau-Lamy, Gentil-Bretonnet et Voulet-Chanoine.

On sait l'*illustration* que vient de se donner cette dernière en faisant fusiller, avec quelques hommes de leur escorte, le colonel Klobb et le lieutenant Meynier, lesquels étaient envoyés pour modérer le zèle patriotique et civilisateur de ces braves.

Mais il est bon, pour bien se pénétrer des abominations qui se commettent à la face du ciel, sous notre drapeau, de citer l'article que consacre à ce sujet un journal ultra-modéré qui, du reste, appuya toujours de toute son opportuniste influence les entreprises coloniales.

Voici cet article :

Le drame du Soudan.

Folie et crime.

On nous écrit :

Paris, 26 août.

Les journaux publient aujourd'hui une lettre du capitaine Voulet, l'assassin du lieutenant-colonel Klobb, dans laquelle on trouve une indication précise sur les premières accusations portées contre ce chef de mission et une affirmation inexacte, émise évidemment dans le but de cacher la vérité. Il est dit dans cette lettre : « D'autre part, dans un *but d'humanité*, nous avons substitué le transport des charges du convoi par animaux au portage à tête d'hommes. Nous avons actuellement 40 chevaux, 200 ânes et 100 bœufs porteurs. »

Ce changement dans le mode de transport n'a pas été opéré dans un *but d'humanité*, au contraire. Si on en croit, en effet, le récit que le lieutenant Peteau a fait des premières opérations, dans la lettre qu'il a écrite à une famille de Paris avec laquelle il est en relations, la mission a rencontré dans les environs du Niger des pays fertiles, riches et magnifiques. L'auteur de la lettre fait de ces pays une description enthousiaste, et il ajoute que les habitants, pouvant satisfaire à tous leurs besoins par ' s seuls produits de leur sol, se refusèrent à suivre la mission Voulet comme porteurs.

C'est en présence de ce refus que le premier crime fut perpétré. Le capitaine Voulet donna l'ordre de massacrer ces populations paisibles et laborieuses, et l'ordre fut impitoyablement exécuté. Femmes, enfants, vieillards, hommes valides qui ne purent fuir à temps, furent passés à l'arme blanche. C'est, vraisemblablement, avec les chevaux, les bœufs et les ânes de ces populations infortunées que Voulet a dû constituer le convoi dont il parle dans sa lettre.

Le second acte de criminelle folie du chef de la mission fut commis à quelques jours de là. Voulet, qui devait avoir combiné un plan et désirait réserver ses munitions, avait donné l'ordre à ses soldats de n'employer, lorsqu'ils se battraient, que l'arme blanche. Interdiction absolue avait été faite de tirer des cartouches. Dans un combat, un sergent noir, entouré d'ennemis, lâcha un coup de feu pour se dégager. Dès que l'affaire eut pris fin, Voulet condamna le malheureux sergent à mort.

L'exécution eut lieu au moment même où les officiers se mettaient à table pour déjeuner, et, quelques instants après, le chef du peloton d'exécution apportait, comme témoignage de la mort, la veste et le gilet tout sanglants du malheureux sous-officier.

(Lyon républicain du 28 août 1899.)

IV

RÉSUMÉ

Jadis, quand des voyageurs, comme René Caillé, Mungo-Park, Livingstone, s'engageaient seuls ou presque seuls dans des contrées encore réellement inconnues, parmi des populations dont ils ignoraient et les mœurs et le langage et sur lesquelles leur faiblesse isolée n'avait pas de prise, leur audace fut grande. Et lorsque, comme Barth, Livingstone, Schweinfurth, leur but fut humain et désintéressé; quand leurs mobiles furent l'amour de la science, l'attrait de l'inconnu, et qu'au cours de leur voyage, respectueux de la personne, des biens et des droits d'autrui, aucune arrière pensée d'ambition et de spoliation n'a hanté leur esprit, ils méritent l'estime universelle, et leur œuvre est véritablement glorieuse.

Mais (en 1896 98) se mettre à la tête d'une force puissamment organisée et qui dispose des ressources d'une nation; partir sur des canonnières à vapeur, suivies d'une flottille de chalands et de chaloupes en acier et en aluminium pour remonter un fleuve déjà connu et exploré; parcourir des territoires avec l'intention de les prendre, de les annexer; appuyer la spoliation de leur sol sur les habitants eux-mêmes, razziés et réquisitionnés, forcés, sous la menace des fusils de l'escorte, de porter les fardeaux de l'expédition et haler ses canots, c'est tout; tout autre chose.

Laissons, pour un moment, la question morale de côté. Je tiens pour assuré que quatre-vingt-dix officiers sur cent, pour se pousser du galon, seront capables de conduire et de réussir une entreprise qui offre si peu de risques, si peu de danger, si peu de fatigues excessives pour les gradés que, sur vingt partants, dix-huit arrivent en bonne santé au terme de l'entreprise.

Les fatigues excessives ont existé, mais pour la chiourme des pauvres noirs réquisitionnés (dont on n'a pas compté les morts!), nos officiers et sous-officiers gardes-chiourme leur en ayant généreusement laissé tout le gâteau.

Quant aux moyens et procédés dont nous ne voulons

pas reparler, ils constituent simplement des crimes de droit commun et relèvent de la cour d'assises.

Le résultat, nous l'avons dit et l'on peut le redire, a été de river l'épée anglaise dans sa conquête. Vous auriez agi de concert avec l'Angleterre, vous auriez eu l'intention de légitimer son occupation, d'en assurer la durée, que vous n'auriez pas agi différemment.

Quant au but de la Mission, qui fut de frapper par derrière les Derviches engagés de front dans un duel à mort, qui fut, dis-je, de leur planter en traîtrise un poignard dans le dos... cela est d'une telle ignominie, d'une telle infamie, que l'on a peine à y croire (1).

(1) Pour se disculper, les instigateurs de cette félonie vont évidemment procéder à une autre : calomnier les gens qu'ils se sont proposé d'assassiner par derrière. — Les apologistes de Marchand vont nous présenter les Madhistes comme des gens sans aveu, indignes d'aucune considération et pour lesquels le droit des gens n'est censé pas exister. — A cela on peut d'abord répondre en rappelant les faits : les Madhistes ont remporté les victoires de Kashgil, Tokar Gublat, Kerbikan, Métémmeh, Ouadalay, pour ne citer que les plus importantes. Ils ont vaincu les généraux Baker, Hicks ; ils ont obligé l'Angleterre à la retraite dans la personne de ses généraux Graham et Wolseley. Il faut convenir que, pour des gens sans aveu, ils ont fait ce qu'aucun Marchand n'a encore même essayé de faire.

Enfin, je ne savais pas que le droit des gens n'existait que pour ceux auxquels il est avantageux de l'appliquer, mais qu'il est loisible d'attaquer traîtreusement le peuple qui n'aura pas voix délibérative au congrès de la Haye pour dénoncer l'infamie du procédé.

Les ordres de notre gouvernement autorisaient-ils réellement Marchand à empêcher les Derviches d'aller à Gaba-Schambé se ravitailler en blé ? Les ordres de notre gouvernement lui permettaient-ils réellement, comme il s'en vante, de couvrir la rive et le fleuve des cadavres de 700 Derviches, de couler deux chalands chargés de leurs hommes et de briser avec ses projectiles la chaudière de leur unique vapeur ?

Si oui, c'est une trahison qui, pour l'éternité, cloue la France au poteau d'infamie. Et maintenant, nationalistes et pharisiens de tout acabit, criez : Vive Marchand ! Vous êtes dans votre rôle, car ce que vous ne voulez absolument pas, c'est que la France fût une force de libération.

Mais vous tous qui avez au cœur le sentiment de la justice, le sentiment de l'humanité, vous tous qui avez combattu pour la vérité, votre tâche n'est pas accomplie. Il est nécessaire que notre peuple soit désabusé et qu'au sortir de la réparation d'une iniquité criante il ne s'enlize pas à nouveau dans de pires opprobres.

Galliéni, à Madagascar, faisant, à la suite d'un simulacre de jugement, lâchement fusiller le noble et brave Rainandriamampandry, le héros de Farafate, est autrement criminel, autrement abominable encore que Mercier communiquant dans la salle des délibérations du conseil de guerre de 1894 la pièce : « Ce canaille de D. » — Marchand réclamant Mayoké. Missitou et Mabala, réfugiés chez les Batékès, les réclamant pour les livrer aux cours martiales et les faire fusiller; Marchand semant la route Congo-Nil des cadavres fusillés ou pendus de pauvres indigènes coupables de vouloir rester ou retourner chez eux, peu satisfaits d'être enrôlés comme des bêtes de somme par ces étrangers en armes qui viennent leur prendre leur territoire, leur repos, leur liberté; Marchand s'acheminant vers Fashoda dans l'intention de planter dans le dos des Mahdistes son poignard de trahison ; Marchand qui exécute et médite ces atrocités à l'ombre de notre drapeau qu'il éclabousse ainsi de sang et d'infamie, Marchand est un gredin autrement néfaste encore que du Paty de Clam et Henry.

Et si la raison d'Etat justifie les Galliéni, les Baratier et les Marchand, pourquoi ne couvrirait-elle pas les Boisdeffre, les Gonse et tous les faussaires de l'état-major?

Les exécutions d'Antaninarenina ont brisé le cœur de toute la nation hova qui ne s'était pas défendue parce qu'elle avait cru à notre magnanimité, et la France qui s'est rendue complice de cette succession de crimes, de parjures, d'ignominies en votant par l'organe de ses représentants des félicitations à Galliéni et des honneurs à Marchand, la France se doit de rejeter ce virus d'iniquité avec la dernière énergie : il n'y a pas de devoir plus urgent.

Du moins le crime commis contre Dreyfus n'apparaît pas de la part de la nation un crime intéressé. Il ne lui devait rien rapporter. C'était pour beaucoup un drame de fanatisme, d'égarement, un crime passionnel, comme on dirait en style juridique, et ces crimes-là les juges de cour d'assises les acquittent quelquefois sans que leurs sentences soient destructives de la conscience. Mais le crime du meurtrier qui froidement, avec préméditation, a versé le sang pour recueillir les dépouilles de l'assassiné, le crime cupide n'est et ne peut jamais être absous, car lui seul est véritablement le crime.

Dans l'affaire Marchand, il s'agit d'une cause autrement haute et autrement grande de conséquences qu'un simple fait particulier. Il s'agit de savoir si les nations seront des collectivités ayant pour but et pour idéal, pour inspirateurs de leurs pensées et de leurs actes, la justice, la vérité, le bien, ou si, au contraire, elles seront des associations de malfaiteurs, régies par des forbans, s'armant formidablement pour faire régner le mal et la servitude en elles et hors d'elles.

La glorification ou simplement l'absolution des Galliéni et des Marchand, c'est l'humanité livrée aux bandits, aux hommes de meurtre et d'infamie; c'est la conscience ruinée jusqu'en ses fondements. Et alors il nous importe vraiment peu que, dans cette géhenne, l'on fasse le simulacre, sur un fait particulier, de vouloir la justice. Cette justice qui ne couvre pas toute la terre et *tous* les hommes, cette justice-là n'est pas la justice, et son triomphe ne servirait, si l'on ne doit pas s'élever plus haut, qu'à abuser les foules sur la réelle valeur de leur état social.

Vous tous qui avez défendu la justice, n'en doutez pas : pour maintenir les brigandages politiques et coloniaux, il faudra que le brigandage en fait règne partout ; parce que le Droit et l'Humanité furent outragés à Tananarive et sur l'Oubanghi, il faudra que l'Humanité soit outragée jusque dans nos foyers.

Et ce n'est pas la petite réparation de la revision du procès Dreyfus qui changera le fond des choses, si nous ne portons pas plus loin notre passion de droiture et de vérité.

Le pré d'indignités aura été tondu pour un jour, mais pour repousser plus dru le lendemain, car la racine d'iniquité n'aura pas été arrachée, tant que des criminels, des meurtriers seront proclamés de bons serviteurs ; tant que notre peuple ne rejettera pas avec indignation, avec horreur et dégoût, les forfaits, les assassinats, les spoliations, les lâchetés qu'on lui présente comme profitables à ses intérêts et... à sa gloire !

Et si l'on veut louanger une œuvre dont le but final

4

était, à travers les exactions et les crimes qui en marquèrent le passage, d'assassiner par derrière des gens qui combattaient de front, je ne vois pas pourquoi l'on ne glorifierait pas Vacher à l'égal de Jésus. — Vacher avait un état moral et intellectuel juste au niveau de pareils faits. Jésus, au contraire, fut un perturbateur et un trouble-fête qui a dit : « Ne faites pas aux autres ce que vous ne voudriez pas qui vous fût fait. — Ne chargez pas sur autrui des fardeaux que vous ne voudriez pas porter vous-mêmes. »

Vacher a porté l'uniforme et les galons; incontestablement il eût été apte à remplir l'emploi de réquisitionneur au service de la Mission. De lui aussi l'on eût dit : « qu'il avait un brin de férocité dans le regard et un gant de velours sur une main de fer. » Avec zèle il eût fouaillé les femmes qui, sous prétexte qu'elles seraient obligées d'abandonner leurs enfants et que ceux-ci en allaient mourir, ou pour tout autre motif aussi peu militaire, eussent regimbé à porter les charges de ces étrangers en armes qui daignaient héroïquement étendre jusqu'à elles leur civilisation ! Il eût, sans égarement de fausse sensibilité, exigé qu'elles eussent la force de porter 30 kilos sur la tête tout le long du jour, et, dans le cas contraire, avec une joie lascive et patriotique, il eût semé dans la brousse leurs cadavres nus percés de glorieuses balles Lebel.

L'Autre... il est même impossible de se le figurer

sous le costume militaire. C'est proprement un propre-à-rien pour ceux qui détruisent par la subversion de tout principe et de toute morale la conscience et l'humanité dans l'homme pour y substituer la bête, la bête de proie, de cruauté et de bas appétit.

Les faits que nous avons narrés dans cette étude sont puisés exclusivement dans les récits des membres de la *Mission*. Eux seuls ont été entendus, et c'est d'après leurs propres aveux et témoignages que nous les avons jugés.

Si ce jugement est une condamnation, nous n'en sommes point responsable; ce n'est pas nous, individu, qui le portons. Mais il a été rendu au plus profond de nous-même à la fois par notre intelligence et par notre conscience, comme membre de l'humanité. Il y a été rendu au nom des principes d'éternelle justice et de simple vérité. Leur existence ni leur connaissance, à ces principes, ne dépend pas plus de nous que celle de la lumière du jour. Nous pourrions nous crever les yeux, nous ne ferions qu'un aveugle de plus, nous n'empêcherions pas la lumière d'exister, et chaque être nouveau qui viendrait à la vie y viendrait toujours avec le sens de la vue.) — Ainsi des sentiments d'humanité et des principes de justice. Pour les connaître, point n'est besoin de hautes études ni de profonde philosophie. Ils subsistent indestructibles et toujours vivants au fond de l'âme populaire.

Interrogez le simple laboureur que le travail courbe sur son pauvre champ; interrogez la plus humble femme du peuple; interrogez le paysan et l'ouvrier; interrogez la pauvre mère qui berce son nouveau-né et qui rêve d'en faire un être bienfaisant et bon ; exposez-leur sans détours mensongers, sans fausse rhétorique, ce que Marchand, pris comme chef responsable de la Mission, a voulu faire, et ce qu'il a fait, et, tous, unanimement portant le jugement de leur conscience, vous répondront : « Cet homme est un bandit, cet homme est un criminel; cet homme est un assassin et un voleur. » — Et si, pour les tenter, vous leur dites que de son œuvre il pouvait leur en revenir du bien, ils vous répondront avec colère qu'ils ne mangent pas de ce pain-là, que ces profits ramassés dans les exactions, dans les spoliations et dans le crime leur font horreur. Et si vous mettez en avant le nom de la France, ils vous répondront que la France doit grandir par la pratique de la justice et le respect de l'humanité et non par l'assassinat et la spoliation des faibles. Un sûr instinct les avertira que vous les trompez, et, au surplus, si vous insistez, ils vous répondront que ce n'est pas la France qu'il faut qui triomphe dans le monde, mais la justice ; que c'est très bien de défendre nos droits chez nous, mais très mal d'attaquer les droits d'autrui.

C'est que la conscience de notre peuple et de tous les peuples est droite. Pour que les idées de justice et les principes de droiture, de vérité, fussent universellement triomphants, il suffirait que les éducateurs de mensonge, que les professeurs d'iniquité, de quelque nom qu'ils se couvrent, à quelque école qu'ils se réfèrent, cessassent un instant leur œuvre néfaste pour laisser tous ses droits à la raison et à la saine équité.

Louis Guétant.

Paris. — Imp. Ch. Blot, rue Bleue, 7.